Ulrike Brämer

Karin Blesius

Fit für die Berufsorientierung und Bewerbung

Lernarrangements für Berufsorientierungs- und Bewerbungskompetenz

Lehrerhandbuch

Um Missverständnissen bezüglich der Gleichberechtigung vorzubeugen weisen die Autorinnen darauf hin, dass sich die männliche Form von Begriffen (zum Beispiel „Schüler") natürlich auch immer auf die weibliche bezieht, selbst wenn es nicht explizit betont wird.

Tipp: Achten Sie von Anfang an darauf, dass Ihre Schüler sich mithilfe des Inhalts- und Indexverzeichnisses die Informationen zu den violette hervorgehobenen Textteilen suchen. Einerseits sind in den Arbeitsaufträgen die Kapitelüberschriften genannt, die im Inhaltsverzeichnis einfach zu finden sind, und andererseits Schlagwörter, die sie im Index finden.

1. Auflage 2012

by SOL-Verlag GmbH, München
www.sol-verlag.de

Text: Ulrike Brämer und Karin Blesius

ISBN 978-3-942264-**15-0** – Bestellnummer 150

Inhaltsverzeichnis

1 Lernsituation: Sich gezielt im Beruf orientieren

Die Lernsituation beginnt mit einem Überblick über die zu erreichenden Kompetenzen, die Inhalte, die Methoden/ Lernstrategien und den ungefähren Zeitansatz.

Warum up
Welche Anforderungen stellen Unternehmen an ihre Mitarbeiter?

- Jede Lernsituation startet mit einem Warm up. Es dient als vorbereitende Organisationshilfe für selbstorganisierte Lernprozesse. Der Lernende soll den Lernstoff im Kontext sehen und neue Informationen in sein bestehendes Wissen integrieren. Er erhält schnell einen Überblick, welches Vorwissen er aktivieren muss, um den Lernstoff möglich effizient zu bearbeiten.

- Die Leitfrage zum Einstieg „Welche Anforderungen stellen Unternehmen an ihre Mitarbeiter?" dient zur Lernanbahnung. Mithilfe von Brainstorming, Kartenabfrage oder Klassengesprächen können die Lernenden ihr Vorwissen und ihre Erwartungen zu der Lernsituation äußern.

- Beim Warm up kann nichts Falsches von den Lernenden genannt werden. Gegebenenfalls werden die Lernenden darauf hingewiesen, dass sie ihre Antworten in ganzen Sätzen formulieren sollen. So legen Sie den Grundstein für die Förderung der Kommunikationskompetenz. Genauso ist bei der Kartenabfrage zu beachten, dass die Lernenden die Medienkarten anpinnen, sich zur Klasse wenden und in einem vollständigen Satz einen Kommentar dazu abgeben. Beim Beschriften der Medienkarten sollen die Schüler Schlagwörter notieren, die Medienkarten in Druckschrift, und zwar mit Groß- und Kleinbuchstaben beschriften, ausreichend groß schreiben (fünf Zentimeter groß).

- Wenn das Thema es zulässt, sollten die Medienkärtchen thematisch sortiert werden (clustern). Gleiche Schlagwörter werden nicht verworfen, sondern übereinander-gepinnt, um jeden Beitrag zu honorieren.

- Bei einem Klassengespräch werden die Lernenden aufgefordert, anhand der Grafik einen zusammenhängenden Beitrag zu formulieren und ihre eigenen Erfahrungen oder Vorkenntnisse dabei mit einzubringen.

An dieser Stelle finden Sie Lösungsansätze.

1.1 Lernaufgabe

Welche Fähigkeiten spielen im Beruf eine Rolle?

Nachdem sich Ihre Lernenden beim Warm up über die Anforderungen der Unternehmen an ihre Mitarbeiter unterhalten haben, werden Sie sich zur Lernaufgabe sicherlich ausführlicher auslassen können. Geben Sie ihnen – nachdem Sie die Lernaufgabe gelesen haben – etwas Zeit, um umfangreicher die Aussage „wer Erfolg haben will, muss an dieser Stelle (Bewusstsein der eigenen sozialen und persönlichen Kompetenzen) den Hebel ansetzen" zu erläutern.

Sollten Ihre Schüler die Arbeitsweise noch nicht gewohnt sein, so empfehlen wir den ersten Arbeitsauftrag in folgenden Arbeitsschritten zu besprechen.

1. – 3. Arbeitsschritt (Informationen anreichern)

Erläutern Sie Ihren Schülern zunächst, dass für die violett hervorgehobenen Textstellen immer Informationen in den Manualen stehen. Sie gelangen über den Index schnell auf die entsprechende Seite.

Bevor die Lernenden mit dem Arbeitsauftrag beginnen, sollten Sie abklären, ob die Lernenden im Markieren geübt sind. Ansonsten nehmen Sie sich die Zeit und lassen die Lernenden die Regeln des Markierens (Methoden-Manual Seite 69) erarbeiten. Anschließend erschließen sich die Lernenden selbstständig den Informationstext. Damit die Lernenden nicht einfach über die Fremdwörter hinweglesen, sollen diese mithilfe des Internets oder eines Dudens nach den Erläuterungen selbst recherchieren.

4. – 5. Arbeitsschritt (Informationen anordnen)

Als Handlungsprodukt erstellen die Lernenden ein übersichtliches Merkblatt über die Hard- und Soft Skills, das später immer wieder als Orientierungshilfe dienen kann. Sie strukturieren ihre Informationen in einer Tabelle.

Arbeiten die Schüler mit einem Textverarbeitungsprogramm, so finden Sie unter den Wordfunktionen Hinweise zur Tabellengestaltung. Außerdem sollten in der Kopfzeile Name, Klasse und Datum stehen. Achten Sie auf die korrekte und einheitliche Schreibweise bei Aufzählungen. Zum einen werden die Anfangswörter groß oder klein geschrieben und zum anderen können bei Aufzählungen Satzzeichen gesetzt werden; diese aber dann durchgehend. Folgende Tipps können Sie Ihren Schülern zur Tabellengestaltung geben:

Fünf wichtige Regeln zur Typografie:

- Der Text wird mindestens ein Drittel kleiner geschrieben als die Überschrift (Text zwölf Punkt und Überschrift achtzehn Punkt)
- Die Gestaltung sollte das ganze Blatt einbeziehen
- Bei geringeren Textmengen (Merkblätter, Tabellen, ...) serifenlose Schriften (z. B. Arial) verwenden
- Höchstens drei Schriftfarben verwenden
- Satzzeichen werden mitformatiert

Fünf wichtige DIN-Regeln zur Tabelle:

- Jede Tabelle hat eine Überschrift
- Jede Tabelle beginnt mit einem Tabellenkopf
- Der Tabellenkopf enthält die Spaltenbezeichnungen
- Zwischen Text und Zellenbegrenzung sollte oben und unten ein gleichmäßiger Abstand sein
- Texte sind linksbündig zu schreiben und Zahlen rechtsbündig

6. – 7. Arbeitsschritt (Kooperatives Lernen)

Die Lernenden vergleichen nun mit ihrem Partner das Ergebnis und üben konstruktive Kritik. Dadurch erhalten sie mehr Sicherheit, da sie die Fehler verbessern oder Lücken ergänzen können. Gemeinsam suchen sie sich jeweils aus Ihrem eigenen Umfeld oder aus der Berufspraxis drei Beispiele aus.

Berufsrelevante Kompetenzen		
Hard Skills	**Soft Skills** (Berufsübergreifende Kompetenzen)	
Fachwissen	**Kognitive Kompetenzen**	• Umfassen das Denken in zusammenhängen • Fähigkeit zu logischem und abstraktem Denken • Transfährfähigkeit • Problemlösungsfähigkeit
	Kommunikative Kompetenzen	• Schriftliche und mündliche Ausdrucksfähigkeit • Beherrschung von Präsentationstechniken • Diskussionsfähigkeit • Partnerorientierte Kommunikation • Konsensfähigkeit
	Soziale Kompetenzen	• Konflikt- und Kritikfähigkeit • Teamfähigkeit • Fähigkeit und Bereitschaft zu Kooperieren • Einfühlungsvermögen • Durchsetzungsvermögen • Führungsqualitäten • Kundenorientierung
	Personale Kompetenzen	• Bereitschaft und Fähigkeit zu Selbstständigkeit • Flexibilität • Kreativität • Verantwortungsbereitschaft • Leistungsbereitschaft • Zuverlässigkeit • Umgang mit Unwägbarkeiten • Kompetenz für das selbstgesteuerte Lernen

8. Arbeitsschritt

Meine Soft Skills mit Beispielen

Teamfähigkeit	Gute Teamfähigkeit habe ich in meiner Freizeit durch den Vereinssport Handball erworben.
Konfliktfähigkeit	Ich habe meine Konfliktfähigkeit u. a. trainiert, indem ich zwei Jahre als geprüfter Streitschlichter tätig war.
Durchsetzungs-vermögen	Im Projektunterricht habe ich mehrmals die Rolle des Projektleiters übernommen, dabei musste ich mich innerhalb des Projektteams oft durchsetzen.

9. – 10. Arbeitsschritt (Vierergruppen)

Die Lernenden entscheiden sich nun für das gelungenste Handlungsprodukt. Sie lernen nun damit umzugehen, dass andere Produkte den Vorrang bekommen oder ihr Handlungsprodukt ausgewählt wird. Mancher Schüler bekommt dadurch mehr Selbstbewusstsein. Nachdem die Lernenden sich ein Handlungsprodukt ausgewählt haben, bereiten Sie sich so auf die Präsentation vor, dass jeder einige Soft Skills während der Präsentation erläutert. Es geht nicht nur darum, das Faktenwissen aufzuzählen, sondern die Lernenden sollen aus ihrer eigenen Erfahrungswelt bzw. Berufspraxis berichten.

11. –12. Arbeitsschritt (Plenum)

Die Lernenden präsentieren – falls vorhanden – über den Beamer ihr Ergebnis. Bei den Präsentationen sollte von Anfang an auf einen lebendigen Vortrag geachtet werden, d. h. bei dieser Lernaufgabe, dass jede Kompetenz umfangreich mit anschaulichen und realitätsnahen Beispielen erläutert wird.

Anschließend äußern sich die Zuhörer einmal über das Merkblatt – je nach Vorgabe: typografische Regeln, die DIN-Regeln und den vollständigen Inhalt geachtet werden.

12. Arbeitsschritt (Einzelarbeit)

Nach der Besprechen korrigieren die Lernenden ggf. das Ergebnis und heften es in Ihr Portfolio ab bzw. laden es in ihr E-Portfolio.

1.2 Lernaufgabe

Worin liegen meine Stärken und Schwächen?

Sensibilisieren Sie Ihre Schüler für Folgendes: Nur wer sich seiner eigenen Fähigkeiten, Kenntnisse aber auch Grenzen bewusst ist, kann anderen gegenüber selbstbewusst, glaubwürdig und authentisch auftreten. Mit einem Stärke-Schwäche-Profil geht der Schüler seiner eigenen Motivation und seinen Beweggründen auf den Grund. Die Erfahrung hat gezeigt, dass die Konzentration auf die eigenen Stärken uns erfolgreicher macht als der Versuch, die Schwächen auszugleichen. Schüler sollten daher eine Tätigkeit anstreben, die jeden Tag möglichst oft den Einsatz ihrer Stärken erfordert. Denn nur wer etwas gut kann, dem macht sein zukünftiger Beruf auch Spaß.

1. – 2. Arbeitsschritt (Selbsteinschätzung)

Mithilfe der zugehörigen Informationstexte „Persönliche Soft Skills" schätzen sich die Lernenden selbst ein und erstellen ein übersichtliches Stärke-Schwäche-Profil.

Achten Sie darauf, dass das Stärke-Schwäche-Profil wiederum in einer Tabelle erstellt wird und die entsprechenden Regeln (siehe vorherige Lernaufgabe) angewendet werden. Da diese Aufgabe einen höheren Zeitansatz verlangt, eignet sich die Fertigstellung besonders gut als Hausaufgabe. In der nächsten Stunde geht es dann bei Arbeitsschritt drei weiter.

3. – 5. Arbeitsschritt

Die Tandems sprechen wiederum über ihre erstellten Stärke-Schwäche-Profile und überlegen sich Maßnahmen, um in den Optimalbereich ihrer gewünschten Soft Skills zu kommen. Zum Beispiel: Ein Schüler überlässt anderen immer die Verantwortung – als Maßnahme nimmt er sich für die nächste Gruppenarbeit vor, dass er sich freiwillig für bestimmte Aufgaben meldet. Die Lernenden schreiben sich drei verbindliche Zielvereinbarungen auf, an denen sie im nächsten Monat arbeiten wollen.

6. – 8. Arbeitsschritt

Die Lernenden sitzen im Stuhlkreis und diskutieren über ihre Erfahrungen und beantworten die aufgeführten Fragen des 6. Arbeitsschritts.

Die Lernenden sollten beispielhaft über Ihre Zielvereinbarungen sprechen. Das Stärke-Schwäche-Profil erleichtert dem Schüler nicht nur den Berufseinstieg, sondern das gesamte Berufsleben. Er kann einen Arbeitgeber leichter von sich überzeugen, wenn er seine Stärken kennt und diese an Beispielen überzeugend präsentieren kann. Wenn der Lernende seine Schwächen kennt, ist er auf Fragen im Bewerbungsgespräch besser vorbereitet und kann z. B. angeben, wie er an der Verbesserung seiner Schwächen arbeitet.

Zum Schluss sollen die Lernenden drei weitere Beispiele für Ihre Stärken formulieren. . Das Stärke-Schwäche-Profil wird ins Portfolio abgeheftet und sollte regelmäßig angepasst werden.

1.3 Lernaufgabe

Wie absolviere ich ein inhaltsreiches Praktikum?

Praktika sind teilweise Pflicht innerhalb eines Bildungsganges bzw. sollten auch auf freiwilliger Basis genutzt werden. Lassen Sie die Lernenden erst einmal die Informationen zu „Praktikum" im Manual erfassen. Führen Sie dann ein Gespräch, um die Sinnhaftigkeit und den Nutzen herauszustellen.

Praktikumsstellen werden oft nicht ausgeschrieben, daher müssen sich die Lernenden initiativ bewerben. Enttäuschend für die Lernenden ist es immer, wenn sie nach dem Praktikum berichten, dass sie keine Arbeiten durchführen durften bzw. ganz andere Tätigkeiten erwartet haben. Da ein Praktikum für sie aber der Einstieg in eine mögliche Ausbildung darstellen kann, sollten sie sich gezielt einen Praktikumsbetrieb suchen.

1. - 2. Arbeitsschritt

Die Lernenden informieren sich erst in Einzelarbeit im Manual für die professionelle Bewerbung über das Erstellen eines Unternehmensprofils und besprechen ihre Erkenntnisse mit einem Partner. Achten Sie in den Phasen der Einzelarbeit darauf, dass die Lernenden sich still verhalten. Daran anschließend erstellen die Lernenden ein Unternehmensraster, um es genau unter die Lupe zu nehmen. Es lässt sich viel leichter eine passgenaue Bewerbung erstellen. Außerdem kann schon erkannt werden, ob das Unternehmen überhaupt den Erwartungen und Interessen entspricht.

Unternehmens-Auswertungs-Raster			
Kontaktdaten		**Firmenporträt**	
Unternehmen			
Anschrift			
Telefonnummer			
Ansprechpartner			
E-Mail-Adresse			
Aspekte			
Firmenphilosophie			
Informationen zur Karriereseiten			
Ausbildungsmöglichkeiten			
Entwicklungsmöglichkeiten			
Mitarbeiterzahl			
Standorte des Unternehmens			
Produkte/Dienstleistungen			
Aktuelles/Entwicklungen			
Zukünftige Aktivitäten			
Auszeichnungen des Unternehmens			
...			

Praktikum vorbereiten

3. - 7. Arbeitsschritt

Nun muss jeder Lernende nach Unternehmen Ausschau halten, die für ihn interessant sind. Für jedes infrage kommende Unternehmen wird das Raster ausgefüllt. Entsprechend den Erwartungen werden so schon bestimmte Unternehmen ausgesiebt. Praktikanten, die eine Ausbildung anstreben, sollten nur Betriebe aussuchen, die ausbilden.

Das Arbeitsbuch entspricht dem Verlauf der Berufsfindung. In der Regel werden erst Praktika durchgeführt, bevor Bewerbungen auf Stellenanzeigen anstehen. Um Redundanzen zu vermeiden, wird in dieser Lernaufgabe auf die Lernsituation "Professionelle Bewerbungsmappen erstellen" verwiesen.

Wechseln Sie nun zu Lernaufgabe 2.1 (Lebenslauf) und 2.3 (Anschreiben/Bewerbungsmappe), damit die Lernenden die Initiativbewerbung für die ausgewählten Praktikumsbetriebe schreiben. Hier können Sie unabhängig von der Situation die einzelnen Arbeitsschritte ausführen lassen. Achten Sie darauf, dass die Lernenden sich die Bewerbungsunterlagen von einer weiteren Person korrigieren lassen. Anschließend sollte die Bewerbung für die Post bzw. E-Mail-Bewerbung fertig gestellt werden.

Einzelne Arbeitsschritte können Sie ruhig in die Hausaufgabe verlegen, z. B. das Ausfüllen des Unternehmens-Auswertungs-Rasters, das Erfassen der Daten im Lebenslauf bzw. die Vorformulierung des Bewerbungsanschreibens.

Praktikum durchführen und nachbereiten

8. - 15. Arbeitsschritt

Bevor der Lernende sein Praktikum antritt, sollten Sie das Bewertungsraster für die Praktikumsmappe auf der Seite 6 im Arbeitsbuch besprechen und die im 8. Arbeitsschritt genannten Vorarbeiten leisten.

Während und nach der Praktikumszeit sind die Arbeitsschritte 9 bis 15 zu erledigen.

16. - 19. Arbeitsschritt

In dieser Phase profitieren die Lernenden von den vielfältigen Erfahrungen Ihrer Mitschüler. Sie sollen kreativ (Plakate, Gegenstände, Rollenspiele, ...) sich auf die Fragen schriftlich vorbereiten: Was ist gut gelaufen? Was nehme ich für meine berufliche Ziele mit? Was würde ich das nächste Mal anders machen?

Legen Sie besonderen Wert auf einen intensiven Erfahrungsaustausch. Wenn Mitschüler über positive Erfahrungen berichten, sollte im Plenum analysiert werden, woran es gelegen hat. Die Lernenden werden erleben, dass auch Mitschüler auf Probleme gestoßen sind. Suchen Sie gemeinsam Lösungswege, damit zukünftige Praktika besser verlaufen.

1.4 Lernaufgabe

Welcher Ausbildungsweg eignet sich für mein Berufsziel?

Demnächst kommt eine große Entscheidung auf Ihre Lernenden zu. Sie haben die Wahl zwischen Berufsausbildung, Studium oder das kombinierte Duale Studium. Wichtig für Ihre Lernenden ist, dass sie Ihrem Lerntyp entsprechend den Ausbildungsweg wählen.

Berufsweg	Lerntyp
Berufsausbildung	• Interesse an praktisch-organisatorischen Tätigkeiten • Bestreben nach frühzeitig finanzieller Unabhängigkeit
Duales Studium	• Kombination theoretisch-wissenschaftliche Tätigkeit und zeitnahe praktische Umsetzung • Außergewöhnliche Leistungs- und Einsatzbereitschaft
Studium	• Interesse an theoretisch-wissenschaftlicher Arbeit • Besondere Begabung • Studium entsprechend des favorisierten Unterrichtsfach

Machen Sie Ihren Lernenden bewusst, dass sie nicht um jeden Preis studieren müssen. MIt den praktischen Erfahrungen über die Berufsausbildung werden viele Soft Skills entwickelt, die im späteren Studium Vorteile bieten. Die Lernenden sollten sich mit der Wahl des Berufsweges davon frei machen, damit eine Entscheidung fürs Leben zu treffen.

Nicht immer führt der gerade Weg (z. B. Abitur – Studium – Beruf) zum endgültigen Beruf. Durch Spezialisierung während der Tätigkeit kann der Weg nochmal in eine Richtung führen. Auch ungünstige Prognosen auf dem Arbeitsmarkt können einen zum Umdenken zwingen. Bewerber mit sogenannten Zick-Zack-Lebensläufen (z. B. erst Ausbildung zum Kfz-Mechaniker dann Studium der Psychologie) haben heutzutage sehr gute Chancen auf dem Arbeitsmarkt.

1. Arbeitsschritt (Stammgruppe)

Bei dieser Lernaufgabe wird die Methode „Gruppenpuzzle" eingesetzt. Wenn der Lerngruppe diese Methode noch nicht bekannt ist, kann im Methoden-Manual nachgeschlagen werden. Dort ist die Unterrichtsmethode erläutert.

Die Lernenden sollen von Anfang an daran gewöhnt werden, arbeitsteilig vorzugehen. Sie stimmen sich daher ab, wer sich zu welchem Thema zum Experten macht. Hier sollten Sie den Impuls geben, dass diese Arbeitsweise nur gelingt, wenn alle Stammgruppenmitglieder Verantwortung übernehmen, sich also lückenlos schlau machen.

2. – 3. Arbeitsschritt (Expertengruppe)

Obwohl die Lernenden in der Expertengruppe zusammensitzen, muss sich jeder Einzelne in sein Teilthema einlesen. Über den Index suchen die Lernenden die Informationstexte zu den Themen Berufsausbildung, Duales Studium und Studium und machen sich Randnotizen oder einen Spickzettel, um eine Erinnerungsstütze zu haben, wenn sie ihr Wissen weitergeben müssen.

In der Expertengruppe tauschen sich die Lernenden zuerst untereinander über die neuen Inhalte aus. Um ihr Wissen wirkungsvoll und anschaulich ihren Stammgruppenmitgliedern zu vermitteln, erstellen sie eine MindMap zu einem Ausbildungsweg.

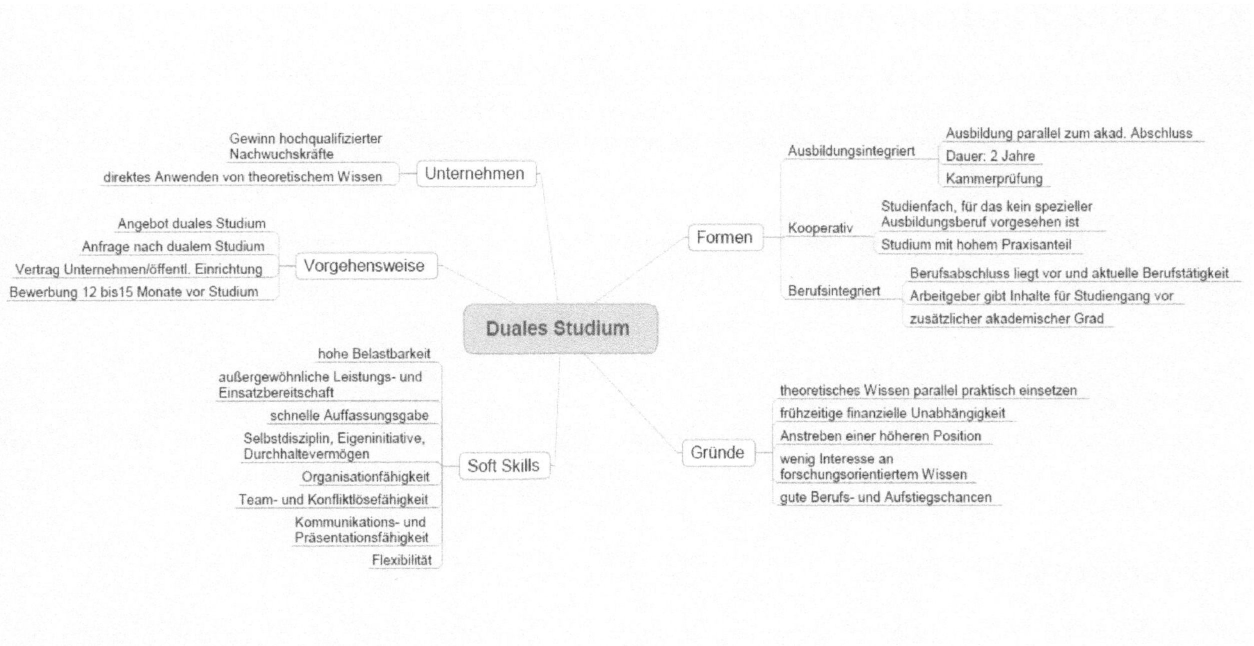
Duales Studium
Unternehmen
Gewinn hochqualifizierter Nachwuchskräfte
direktes Anwenden von theoretischem Wissen
Vorgehensweise
Angebot duales Studium
Anfrage nach dualem Studium
Vertrag Unternehmen/öffentl. Einrichtung
Bewerbung 12 bis15 Monate vor Studium
Soft Skills
hohe Belastbarkeit
außergewöhnliche Leistungs- und Einsatzbereitschaft
schnelle Auffassungsgabe
Selbstdisziplin, Eigeninitiative, Durchhaltevermögen
Organisationfähigkeit
Team- und Konfliktlösefähigkeit
Kommunikations- und Präsentationsfähigkeit
Flexibilität
Formen
Ausbildungsintegriert
Ausbildung parallel zum akad. Abschluss
Dauer: 2 Jahre
Kammerprüfung
Kooperativ
Studienfach, für das kein spezieller Ausbildungsberuf vorgesehen ist
Studium mit hohem Praxisanteil
Berufsintegriert
Berufsabschluss liegt vor und aktuelle Berufstätigkeit
Arbeitgeber gibt Inhalte für Studiengang vor
zusätzlicher akademischer Grad
Gründe
theoretisches Wissen parallel praktisch einsetzen
frühzeitige finanzielle Unabhängigkeit
Anstreben einer höheren Position
wenig Interesse an forschungsorientiertem Wissen
gute Berufs- und Aufstiegschancen

Studium
Zugangsberechtigung
Allgemeine Hochschulreife = Hochschule
Fachgebundene Hochschulreife = Studienfächer aus bestimmten Fachbereich
Fachhochschulreife = Fachhochschule
ohne Fachhochschulreife + Berufserfahrung = Probestudium + Eignungsprüfung
Kontakt zur Praxis
Praktika im In- und Ausland
Kontakt zu möglichen Arbeitgebern
Gründe
Favorisieren eines Unterrichtsfachs
besondere Begabung
Freude/Interessen an einem Themengebiet
Studium für Wunschberuf erforderlich
höhere Position anstreben
Soft Skills
Selbstdisziplin, Eigeninitiative, Durchhaltevermögen
Organisationfähigkeit
analytische und konzeptionelle Fähigkeit
Team- und Konfliktlösefähigkeit
Kommunikations- und Präsentationsfähigkeit
Flexibilität
vernetztes Denken
Interkulturelle Kompetenz

4. - 7. Arbeitsschritt (Stammgruppe)

Reihum geben die Experten ihr Wissen an die Stammgruppenmitglieder mithilfe der MindMap weiter; sie briefen sich. Wenn dies gewissenhaft geschieht, sind alle drei Mitglieder auf dem gleichen Kenntnisstand und können so **eine grafische Übersicht zu den drei Ausbildungswegen und den erforderlichen Soft Skills erstellen.**

Die Austauschphase ist lernpsychologisch besonders bedeutsam. Die Kommunikation über die Lernergebnisse führt zur wirklichen Auseinandersetzung und Vertiefung und somit zum nachhaltigen Lernen. (vgl. Brüning & Saum 2009, S. 43)

Die Lernenden bereiten sich mithilfe von Rollkarten auf eine Gesprächsrunde vor, in der sie ihren angestrebten Ausbildungsweg verteidigen. (z. B. Tochter oder Sohn möchte eine Ausbildung absolvieren – Argumente: finanzielle Unabhängigkeit, Schulmüdigkeit, kein Wohnortswechsel; die Erziehungsberechtigten möchten, dass ihr Kind studiert – Argumentation: höheres Einkommen, Status, Persönlichkeitsentwicklung durch Ortswechsel).

8. - 9. Arbeitsschritt (Szenario)

Achten Sie beim Szenario darauf, dass die beiden Gesprächspartner optimal zum Plenum sitzen, d. h. ihnen auf keinen Fall den Rücken zuwenden und doch Blickkontakt zu ihrem Gesprächspartner haben.

Das Plenum gibt der Gruppe eine Rückmeldung und hebt die überzeugende Argumente hervor.

Arbeiten Sie im Plenum die Vorteile der Methode des Gruppenpuzzles für den Lernenden heraus.

1. Stammgruppe	Freie Themenaufteilung nach Interessensgebiet, Reduzierung auf ein Teilthema
2. Expertengruppe	Schnelle, intensive Informationsbeschaffung, Austausch, ggf. Ergänzung und Erläuterung des Fachwissens
3. Stammgruppe	Sicherheit der Informationsweitergabe, durch MindMap und vorherige Diskussion in der Expertengruppe

Sensibilisieren Sie Ihre Lernenden, dass diese Methode sich hervorragend für das Studium eignet bzw. dann, wenn umfangreiche theoretische Informationen erarbeitet werden müssen.

1.5 Lernaufgabe

Welche Berufsinformations-Veranstaltungen bringen mich näher an mein Berufsziel?

Konfrontieren Sie Ihre Lernenden mit der oben genannten Leitfrage. Notieren Sie die genannten Veranstaltungen und lassen Sie diese erläutern.

1. - 2. Arbeitsschritt

Die Lernenden informieren sich über die verschiedenen Berufsinformationsveranstaltungen und strukturieren die Inhalte nach ihrer eigenen Lernstrategie. Anschließend tauschen sie sich mit ihrem Partner aus und ergänzen ggf. Lücken.

Veranstaltung	Informationen
Infoveranstaltungen in Schulen	Möglichkeit zum Besuch einer weiterführenden Schule (Voraussetzung, Dauer, Abschluss)
Ausbildungsmesse	Dauer, Inhalte, Anforderungen und Perspektiven verschiedener Berufe Chance des Kennenlernens eines potenziellen Ausbilders
Betriebserkundung	Einblicke in Produktions- und Arbeitsprozesse
Infoveranstaltungen an Universitäten/Fachhochschulen	Angebotene Studiengänge Einblick in den Studienalltag Besuch von Lehrveranstaltungen, Labor- und Bibliotheksführungen
Recruiting Days	Direkter Austausch mit dem Unternehmen über Einsatz- und Entwicklungsmöglichkeiten
Berufsinformationszentrum (BIZ)	Angebote zu Aus- und Weiterbildung in der Region Aktuelle betriebliche Ausbildungsstellen

3. - 5. Arbeitsschritt

Teilen Sie Ihre Klasse so auf, dass alle Berufsinformtionsveranstaltungen vertreten sind, so dass jeweils zwei Lernende nach aktuellen Veranstaltungen in der Region recherchieren. Die Informationen sind zu visualisieren.

6. - 8. Arbeitsschritt

Die Handlungsprodukte werden im ausreichenden Abstand voneinander an geeigneter Stelle im Klassenraum aufgehangen. Ein Abstand zwischen den Ausstellungsstücken ist wichtig, damit Zuhörer und Redner sich bei dem Vortrag besser konzentrieren können. Jeweils ein Lernender des Tandems stellt das Handlungsprodukt vor, der andere informiert sich über die alternativen Veranstaltungen. Zu gegebener Zeit findet ein Wechsel statt.

Da der Besuch der Veranstaltungen mit Kosten und Zeitaufwand verbunden ist, sollte der Nutzen in einer Diskussion herausgestellt werden. Jeder Lernende notiert sich individuell, welche Veranstaltungen er besuchen wird. Hilfreich ist es, die Termine der einzelnen Veranstaltungen z. B. in einem Jahreskalender, der in der Klasse aushängt, zusätzlich zu notieren.

1.6 Lernaufgabe

Die Arbeit mit einem Lernjournal ist für die Lehrenden und Lernenden eine sehr wertvolle Hilfe, über die vergangene Arbeit nachzudenken und dies schriftlich festzuhalten. Die Reflexion bildet die Grundlage für ein eventuell intensives Lehrer-Schüler-Gespräch. Vor allem als Lehrkraft bekommen Sie ein Feedback über das Interesse an Ihrem Fach.

Am Ende einer Lernsituation reflektieren die Lernenden schriftlich die erworbenen Fach-, Sozial-, Methoden-, Humankompetenzen und eine Lernstrategie (z. B. Informationen arbeitsteilig beschaffen). Durch die Reflexion erkennen die Lernenden ihre Stärken/Schwächen, Lernfortschritte/Lernstagnation sowie Gefühlsschwankungen. Legen Sie den Umfang der Reflexion fest (am Anfang ca. ein halbes A4-Blatt).

In der ersten Lernsituation beschäftigen sich die Lernenden mit Berufsorientierung, sodass sie sich in ihrem Portfolio umfangreich dazu äußern sollen. Die Lernenden stellen sich also die Frage:

Welche weiteren Kompetenzen im Hinblick auf meine berufliche Zukunft habe ich entwickelt?

Die Lernenden können sich an den vorgegebenen Impulsen zur Entwicklung der Fachkompetenzen (Kerninhalte):

- Der Einfluss meiner berufsrelevanten Fähigkeiten auf meine Berufswahl
- Mein Stärke-Schwäche-Profil
- Die Bedeutung des Praktikums und dessen Dokumentation
- Mein Ausbildungsweg zu meinem Berufsziel
- Möglichkeiten zu vertiefenden Erkenntnissen über mein Berufsziel

und an den Inhaltskategorien für das Kompetenz-Portfolio orientieren. Die Reflexion soll nicht stichwortartig, sondern als Fließtext geschrieben werden. Führen Sie nach Möglichkeit nach jeder Lernsituation ein Beratungsgespräch mit jedem einzelnen Schüler durch bzw. geben Sie ein schriftliches Feedback. Ihre Arbeit können Sie sich erleichtern, wenn Sie mit einer Lernplattform (z. B. moodle) arbeiten.

Machen Sie in dem Gespräch bzw. in Ihrem schriftlichen Kommentar dem Lernenden klar, dass das Erkennen seiner eigenen Schwächen und Probleme positiv registriert wird. Denn nur wenn er seine eigenen Fehler erkennt, kann er daran arbeiten. Am Schluss des Gespräches sollte der Schüler sich Vorsätze fassen bzw. eine Zielvereinbarung mit sich selbst schließen und diese schriftlich fixieren (z. B. „Ich werde in den nächsten Ferien noch ein gut vorbereitetes Praktikum absolvieren. Ich werde die notierten Veranstaltungen besuchen.").

In einem Portfolio (Ordner, Hefter, Lernplattform) werden alle Handlungsprodukte und Reflexionen gesammelt. Die Lernenden sollten angehalten werden, Ihre Handlungsprodukte (Tabelle mit Gruppenphasen, Verhaltensnormen, MindMap, Checkliste, Motivationssatz) – wenn diese noch nicht so optimal waren – zu überarbeiten. Da die Lernenden sich in der Regel sehr viel Arbeit mit dem Kompetenz-Portfolio und den Handlungsprodukten machen, ist es ratsam, diese zu bewerten.

Mögliches Bewertungsraster – passen Sie die Vergabe der Punkte Ihrem Anspruch an:

Bewertungsraster Kompetenz-Portfolio

Schüler(in):

Bewertungskriterien	Soll	Ist
Fachliche Weiterentwicklung (50 Punkte)		
Einleitung, die die Hauptthemenpunkte beschreibt	10	
Detaillierte, vertiefende Auseinandersetzung mit den Kerninhalten der Lernsituation	20	
Bezug zu den erstellten Handlungsprodukten	20	
...		
Persönliche Weiterentwicklung (40 Punkte)		
Angewendete Lernstrategien, Arbeitsmethoden – Erkenntnisse, dass diese zur Nachhaltigkeit (für die Zukunft) führen	15	
Persönliche Erfahrungen, Erlebnisse, Einsichten für die berufliche Zukunft und persönliche Entwicklung	5	
Probleme bzw. Erfolge beim Lernen, Schilderung der inneren Zustände – Spannung, Ärger, Frustration, Freude, Stolz …	5	
Abschließendes Fazit und neue Zielsetzung: Resultierende Erwartungen, Wünsche, Vorhaben für die nächsten Lernsituationen	15	
...		
Formale Aspekte (10 Punkte)		
Formulierung	3	
Gestaltung/Normung (Teilüberschriften, Absätze, Aufzählung, …)	4	
Rechtschreibung und Zeichensetzung	3	
...		
Gesamtpunktzahl	**100**	

2 Lernsituation: Professionelle Bewerbungsmappen erstellen

Warm up
Wie finde ich erfolgreich meinen Wunscharbeitsplatz?

Wir empfehlen, dass die Lernenden die Grafiken in Verbindung mit der Frage „Wie finde ich erfolgreich meinen Wunscharbeitsplatz?" nach ihren Denkstrukturen und ihrem Vorwissen interpretieren. Jeder sollte sich erst einmal in Einzelarbeit Gedanken und Notizen dazu machen. Anschließend sollten sie sich in 3er-Teams austauschen. So hat jeder eine Grundlage, sich auch im Plenum zu äußern. Bei der Diskussion sind folgende Fragen zu klären:

- Wo finde ich Stellenanzeigen?
- Wie verschaffe ich durch meine Bewerbungsmappe einen ersten guten Eindruck?
- Wie werbe ich in eigener Sache – wie hebe ich mich von anderen ab?

Es sollte eine Verknüpfung zur ersten Lernsituation, in der sich Ihre Lernenden mit berufsrelevanten Kompetenzen und ihren Stärken und Schwächen auseinander gesetzt haben, hergestellt werden. Nur wenn der Lernende weiß, welche Kompetenz er mitbringt, kann er für sich werben und findet eine adäquate Stelle.

2.1 Lernaufgabe

Wie sieht ein aussagekräftiger, ansprechender Lebenslauf aus, damit der Personalverantwortliche aufmerksam wird?

Es macht Sinn im ersten Schritt den Lebenslauf zu schreiben, in dem nach den europäischen Richtlinien die Kompetenzen und die bisherigen Tätigkeiten aufgelistet werden sollten. Dabei setzen sich die Lernenden nochmal intensiv mit ihren eigenen Stärken und Schwächen und bislang erworbenen Kompetenzen auseinander. Im zweiten Schritt geht es dann erst an die Analyse der Stellenanzeigen. Der Lebenslauf dient dabei als Grundlage, um zu erkennen, auf was sie bei den Stellenausschreibungen achten sollen bzw. welches Stellengesuch zu ihnen passt.

Den Schülern ist bewusst zu machen, dass in den Betrieben sich spezielle Mitarbeiter um die Personaleinstellung kümmern und daher oftmals die Bewerbungen direkt an diese zu richten sind bzw. an die Personalabteilung. Da Personalverantwortliche eine Vielzahl von Bewerbungen erhalten, werden unzulängliche Unterlagen direkt aussortiert.

Einen ersten positiven Eindruck verschafft sich der Bewerber mit einheitlichen Layout seiner Unterlagen und vollständigen Kontaktdaten. Besprechen Sie mit den Lernenden, was zu den Kontakt- bzw. Kommunikationsdaten gehört. Teilweise vermeiden es Lernende, ihre Handynummer bekannt zu geben. Auch sollte eine seriöse E-Mail-Adresse (Vorname_Nachname@Provider.de) angegeben werden.

1. – 2. Arbeitsschritt

In der Theorieschleife (Es wird sich mit dem Fachwissen ausweinandergesetzt.) informieren sich die Lernenden zunächst über die Anforderungen an die Bewerbungsunterlagen und den Lebenslauf. Dabei machen sie sich Randnotizen und tauschen sich anschließend mit ihrem Partner aus.

3. - 7. Arbeitsschritt (Einzelarbeit - evtl. Hausaufgabe)

Die Lernenden entwerfen in der Kopf- und ggf. Fußzeile ihre Absender- und Kommunikationsdaten. Dabei können sie sehr kreativ im Einsatz von Schriftart, -farbe, Textausrichtung, Hervorhebungen, Linien etc. vorgehen. Das Corporate Design muss allerdings zur ausgeschriebenen Stelle passen. Die Bewerbungsmappe eines Bankkaufmanns unterscheidet sich sicherlich von der des Mediengestalters. Beim Speichern sollte das Dokument als Vorlage abgespeichert werden, damit es für den weiteren privaten Schriftverkehr genutzt werden.

Es ist sehr zweckmäßig die Tabellenfunktion zu verwenden, damit alle Angaben bündig untereinander aufgeführt und einfacher gleichmäßig die Angaben über das ganze Blatt ausgerichtet werden können. Die Tabelle sollte mit drei Spalten angelegt werden; dadurch ergeben sich mehr Möglichkeiten für die Formatierung der Leitwörter (siehe Word-Funktionsteil „Lebenslauf gestalten").

Geben Sie Ihren Lernenden einen Handlungsspielraum bei der Auswahl der Leitwörter im Lebenslauf. Unter Umständen können auch besondere Schwerpunkte genannt werden. Ein Leistungssportler könnte seine sportlichen Erfolge auflisten oder seine Liga-Zugehörigkeiten. Wer besondere Ehrenämter innehat, kann diese unter diesem Leitwort hervorheben und nicht nur durch Angabe unter „Freizeitbeschäftigung" abschwächen. Die Fertigstellung des Lebenslaufes kann ruhig in die Hausaufgabe verlagert werden, da die Lernenden dort die Daten für ihren Lebenslauf nachschlagen können bzw. die exakte Formatierung sehr viel Zeit in Anspruch nimmt.

8. Arbeitsschritt

Bei der Korrektur ist das Bewertungsraster zur Bewerbungsmappe heranzuziehen.

2.2 Lernaufgabe

Wie finden Sie Stellenausschreibungen, die Ihren Wünschen entsprechend?

Nachdem die Lernenden im ersten Schritt ihren Lebenslauf kompetenz- und tätigkeitsorientiert geschrieben haben, sollen sie sich nun eine für sie passende, nicht unbedingt regional ausgeschriebenen Stelle auswählen, um sich in der Lernaufgabe 2.3 darauf zu bewerben.

1. – 3. Arbeitsschritt

Jeder einzelne Schüler setzt sich zunächst intensiv mit den möglichen Wegen der Stellensuche auseinander, tauschen sich mit einem Lernpartner aus und erstellen gemeinsam eine Checkliste über Wege der Stellensuche.

Medien	Name
Printmedien	
Regionale Tageszeitung	Trierischer Volksfreund
Überregionale Tageszeitungen	Süddeutsche Zeitung
Fachzeitschriften	PC-Welt
Fachzeitschriften der Berufsverbände	Ärzteblatt, Apothekenzeitschrift ...
Soziale Netzwerke	
Soziale Netzwerke	Twitter XING Facebook ...
Homepage des Unternehmens	
Jobbörsen	
Branchenübergreifende	www.monster.de www.stepstone.de
Branchenspezifische	www.hotelstellenmarkt.de www.ingenieurkarriere.de
Regionale	www.meinestadt.de
Portale	Crosswater-Portal Stellen-Portal
Spezielle Bereiche	www.nebenjob.de
Personalberatungen	www.kienbaum.de www.michaelpage.de www.personal-total.de

4. – 5. Arbeitsschritt

Nun liegen den Lernenden Informationen vor, wo sie im Internet recherchieren können. Wenn Sie eine Wunschstelle gefunden haben, wird diese mithilfe eines Unternehmens-Auswertungs-Rasters analysiert. Ein solches haben die Lernenden unter Umständen schon für die Suche nach einer Praktikumsstelle erstellt. Für eine Bewerbung um eine Stelle oder Ausbildungsstelle muss das Raster noch erweitert werden um die Punkte „Zukünftige Aufgaben, Voraussetzungen des Bewerbers und Kontaktdaten".

6. – 9. Arbeitsschritt

In der Gruppe tauschen sich die Lernenden aus – sie erhalten dadurch ein Feedback, ob Ihre Recherche genügend Tiefgang hatte. Sie entscheiden sich für das aussagekräftigste Ergebnis. Im Plenum begründen Sie dann, warum Sie sich auf diese Stelle bewerben werden.

Unternehmens-Auswertungs-Raster

Kontaktdaten	
Unternehmen	Wagner AG
Anschrift	Saarburger Landstraße 116 54290 Trier
Telefonnummer	0561 96897-120
Ansprechpartner	Frau Gertrud Berger (Tel +49 (0) 651 96897-125)
E-Mail-Adresse	office.trier@wagner.de
Unternehmensmerkmale	
Firmenphilosophie	• Kompetenter Service aus einer Hand • Know-how und Ressourcen sind gebündelt
Informationen zur Karriereseiten	• Ausgeschriebene Stellen als Sachbearbeiter • Ausbildungsstellen als Industriekauffrau/-mann
Entwicklungsmöglichkeiten	• Weiterentwicklung durch qualifizierte Einsätze in verschiedenen Branchen • Karrieretipps und Bewerbercoaching • Individuelle Fort- und Weiterbildungsmöglichkeiten
Mitarbeiterzahl	15
Standorte des Unternehmens	Trier
Produkte/Dienstleistungen	• Überlassung von Bürofachkräften und kaufmännischem Personal auf Zeit • Personalvermittlung zur Festeinstellung von Fach- und Führungskräften auf der gesamten Ebene des Büromanagements
Vertragsbedingungen	• Überwiegend unbefristeter Arbeitsvertrag nach Tarifvertrag DGB/IGZ • Übertarifliches Festgehalt und Sicherheit durch Lohnfortzahlung bei Nicht-Einsatz und Krankheit • 26 Tage Urlaub sowie ggf. Zahlung von Zulagen (VMA, Fahrtgeld)
Stellenanforderungen	
Zukünftige Aufgaben	• Einsätze bei namhaften nationalen und internationalen Unternehmen • Beratung und Betreuung der Kunden, der kompletten Auftragsbearbeitung bis hin zur Rechnungserstellung • Abwicklung von Reklamationen und Erstellung von Gutschriften • Nachfassen der Aufträge und die Sicherstellung eines reibungslosen Ablaufes • kompetenter Ansprechpartner – stehen sowohl Kunden als auch Lieferanten bei Problemstellungen lösungsorientiert zur Seite • Entwicklung und Umsetzung von Prozessoptimierungen eingebunden
Fachliche Anforderungen	• Abgeschlossene Ausbildung zum Industriekaufmann/-frau • Erste Berufserfahrung in den Bereichen Marketing, Vertrieb, Customer Servicel • Sicherer Umgang mit MS Office-Anwendungen und SAP R/3 • Fremdsprachenkenntnisse sind wünschenswert
Persönliche Fähigkeiten	• Strukturierte und akkurate Arbeitsweise • Hohe Dienstleistungs- und Servicementalität • Gute Ausdrucks- und Umgangsformen • Teamfähigkeit und Engagement

2.3 Lernaufgabe

Wie sehen passgenaue Bewerbungsunterlagen aus?

Der kompetenzorientierte Lebenslauf und mehrere ausgewertete Stellenanzeigen stehen nun zur Verfügung, um einen passgenaues Bewerbungsanschreiben zu verfassen. Den Lernenden sollte bewusst werden, dass jede Bewerbung ein individuelles Anschreiben benötigt. Das Anschreiben stellt ein Selbstgutachten bezogen auf die ausgeschriebene Stelle dar. Floskeln sollte vermieden werden, z. B. reicht es völlig aus, wenn im Betreff Bezug auf die ausgeschriebene Stelle genommen wird (Stellenbezeichnun und Kennziffer), da muss in der Einleitung nicht noch umfangreich die Fundstelle beschrieben werden.

1. – 2. Arbeitsschritt

Mithilfe der Informationen zum Bewerbungsanschreiben notieren sie die Bestandteile einer Bewerbung (siehe 1. Spalte der Tabelle „Aufbau eines Bewerbungsanschreibens") und die für sie wichtigen Informationen an den Rand der Musterbewerbung zur Ausbildung als Industriekaufmann. Dabei sollten Sie genau die Aussagen zu Hard- und Soft Skills unterscheiden, damit sie erkennen, dass sie in der Bewerbung auch angeben müssen, bei welchen Gelegenheiten sie die Kompetenzen schon unter Beweis gestellt haben.

3. – 5. Arbeitsschritt

Die Lernenden laden wieder Ihre Dokumentvorlage, die sie schon für den Lebenslauf verwendet haben und formulieren mithilfe der vorliegenden Informationsblätter ein passgenaues Bewerbungsanschreiben. Sie speichern es unter Nachname_Vorname_Bewerbung in dem Ordner des Unternehmens (Bewerbung_Unternehmensname) ab, damit bei späteren Online-Bewerbungen die Dateinamen nicht mehr umbenannt werden müssen. Ihre Lernenden sollen von Anfang an Ihre Bewerbungsunterlagen systematisch ablegen.

6. – 8. Arbeitsschritt

Mit der Methode „Kreisbrief" lassen sich die Lernenden ein Feedback geben. Dadurch erhalten einerseits die Lernenden weitere Ideen von Ihren Teammitgliedern und andererseits wird ihr eigenes Anschreiben korrigiert. Damit die Gruppenmitglieder prüfen können, ob die Bewerbung passgenau auf die Stellenanzeige geschrieben wurde, sollte auch die Stellenanzeige neben dem Anschreiben und dem leeren Blatt mit in Umlauf gebracht werden.

9. – 13. Arbeitsschritt

Zur Vollständigkeit der Bewerbungsunterlagen werden die Zeugnisse und Nachweise in ein Dokument in einheitlicher Größe eingescannt und unter dem Dateiname Nachname_Vorname_Zeugnisse abgespeichert. Schwarze Schatten haben nichts auf den Dokumenten zu suchen. Wenn es sich um mehr als fünf Zeugnisse/Nachweise handelt, sollte ein Inhaltsverzeichnis erstellt werden. Als letztes Dokument für eine Bewerbungsmappe fehlt ggf. das Deckblatt. Es wird mit der gleichen Dokumentvorlage erstellt wie Lebenslauf und Anschreiben. Das Foto wird auf das Deckblatt eingefügt.

Die Bewerbungsmappe Ihrer Lernenden können Sie mithilfe des Bewertungsrasters korrigieren. Die Punkteverteilung versteht sich selbstverständlich nur als Vorschlag. Im letzten Schritt sollten Ihre Lernenden entweder noch einen Umschlag beschriften (hier treten immer wieder Fehler auf). Alternativ können Sie direkt zur nächsten Lernaufgabe übergehen und sich die Dokumente als Online-Bewerbung per E-Mail zukommen lasen.

Lösungsvorschlag zu Arbeitsschritt 2

Dirk Pauly
Güterstraße 14
54296 Trier
Tel. 0651 588759
E-Mail: d.pauly@gmx.de

Absender

¶
¶
¶
Neumann Arzneimittel AG
Herrn Klaus Petri
Hochstraße 2 - 18
61118 Bad Vibel

Empfänger mit Ansprechpartner

¶
¶
¶
¶

18. November 20..

Datum

¶
¶

Betreff mit Fundstelle

Bewerbung zur Ausbildung als Industriekaufmann
Jobbörse Monster KZ 7856912

¶
¶

persönliche Anrede

Sehr geehrter Herr Petri,
¶

Einleitung – *derzeitige Tätigkeit*

zurzeit besuche ich die Höhere Berufsfachschule Handel und E-Commerce an der Berufsbildenden Schule Wirtschaft in Trier. Im Juli 20.. werde ich voraussichtlich den Bildungsgang als „Staatlich geprüfter Assistent für Handel und E-Commerce" abschließen und den schulischen Teil der Fachhochschulreife erhalten.
¶

Hauptteil – *Hard Skills*

Eine Ausbildung in Ihrem Unternehmen spricht mich sehr an, da ich mich stark für gesundheitliche Themenstellungen und kaufmännische Tätigkeiten interessiere. Aus dem berufsbezogenen Unterricht bringe ich bereits Kenntnisse über kundenorientierte Ablaufprozesse, Warenwirtschaftssysteme und personalwirtschaftliche Themen mit.
¶

Soft Skills

Besonders motivierend fand ich im Fach Projektmanagement die Zusammenarbeit mit einem regionalen Unternehmen, für das wir im Projektteam eine Referenzmappe erstellten. Dabei war ich für den Bereich (Arbeitspaket) Layout verantwortlich und musste mich in kurzer Zeit in eine Bildbearbeitungs-Software einarbeiten, um einen CI-orientierten Entwurf zu entwickeln. Außerdem verfüge ich über gute Englischkenntnisse – diese erweitere ich zusätzlich durch den Besuch des LCCI–Wirtschaftsenglisch-Kurses an unserer Schule.
¶

Schluss – *Angebot zur Probearbeit*

Gerne lerne ich Sie und Ihr Unternehmen in einem Vorstellungsgespräch kennen und überzeuge evtl. durch Probearbeiten von meiner Eignung.
¶

Gruß

Mit freundlichen Grüßen
¶
¶
¶

Unterschrift

Anlagen
Lebenslauf mit Foto
2 Schulzeugnisse
Praktikumsnachweise

Anlagen

Bewertungskriterien	Soll-Punkte	Ist-Punkte
Lebenslauf		
Ansprechendes Layout (gleiche Zeilenabstände, einheitliche Hervorhebung, Leitwörter formatiert, Farben gezielt eingesetzt, Seitennummerierung)	5	
Vollständige Angaben (Person, Schule, Beruf, Praktika, Tätigkeiten, Kompetenzen, Freitzeitgestaltung, Ort/Datum)	5	
Schul- und/oder Unternehmensname korrekt mit Ort angegeben	2	
Angaben chronologisch sortiert	2	
Einheitliche Schreibweise des Datums	2	
Eigene Kompetenzen begründet	10	
Einstufung der Sprach- und IT-Kompetenz	2	
Tätigkeiten in Praktika oder Beruf aufgelistet	5	
Datum, Ort und eigenhändige Unterschrift	3	
Korrekte Rechtschreibung	4	
	40	
Bewerbungsanschreiben		
Layout mit Absender entspricht dem des Lebenslaufes	2	
Korrekte Empfängerdaten mit Ansprechpartner	2	
Datum	1	
Aussagekräftiger Betreff mit Fundstellen ggf. Kennziffer	2	
Persönliche Anrede	1	
Einleitung inkl. derzeitiger Tätigkeit	2	
Passgenaue Beschreibung der Hard Skills	5	
Passgenaue Beschreibung der Soft Skills	5	
Schlusssatz	3	
Gruß, Unterschrift, Anlagen	2	
Rechtschreibung, Grammatik und Zeichensetzung, Silbentrennung	5	
Keine Floskeln, sachliche Sprache – keine bzw. wenige Konjunktive	5	
DIN-Normen (Seite korrekt eingerichtet, normgerechte Leerzeilen zwischen Datum - Betreff- Anrede - Text - Gruß - Anlagen)	5	
	40	
Deckblatt		
Layout mit Absender entspricht dem des Lebenslaufs und Anschreibens	5	
Stellenbezeichnung und Kennziffer	1	
Übersicht der Anlagen	2	
Foto	2	
	10	
Zeugnisse und Bescheinigungen		
Einheitlicher Ausdruck der Zeugnisse bzw. saubere Kopien	10	
	10	
Gesamt	**100**	

2.4 Lernaufgabe

Welche Aspekte müssen bei einer Online-Bewerbung beachtet werden?

Immer mehr Bewerbungen werden heutezutage online versendet. Davon profitieren sowohl Bewerber als auch Unternehmen, weil Arbeitsaufwand, Material und Porto eingespart werden. Es birgt aber auch Gefahren. Zu schnell wird beim Versand auf „Senden" gedrückt und im gleichen Moment fällt einem noch ein Fehler auf. Online-Bewerbungen sollten mit der gleichen Sorgfalt erstellt werden wie herkömmliche und auch hier müssen die DIN-Normen eingehalten werden.

1. – 7. Arbeitsschritt

Die Lernenden informieren sich über die Theorie der Online-Bewerbung und wenden Sie anschließend an, indem Sie in Ihrem E-Mail-Account eine Signatur anlegen. So selbstverständlich wie Unternehmen ihre Kontaktdaten in der Signatur angeben, so muss auch den Lernenden bewusst sein, dass sie durch eine Signatur mit Kontaktdaten (Adresse, Telefon-, Handy- und Faxnummer, E-Mail-Adresse und ggf. die URL) für einen Interessenten besser erreichbar sind. Auch muss der Betreff eindeutig sein, damit die E-Mail überhaupt geöffnet wird. Anschließend verfassen sie ein kurzes Anschreiben an den Personalverantwortlichen, den sie selbstverständlich persönlich anreden. Ein Muster finden Ihre Lernenden im Arbeitsbuch.

Zuletzt laden sie die erstellen Bewerbungsunterlagen als PDF-Dateien hoch. Zur Kontrolle schicken sich die Lernenden zunächst selbst die Bewerbung und anschließend sollten Sie als Lehrkraft die Bewerbung erhalten.

8. Arbeitsschritt

Kommentieren Sie die Bewerbung – professionell wäre es, wenn Sie auf die E-Mail antworten. Nutzen Sie auch hier den Bewertungsbogen, den Sie noch um folgende Punkte ergänzen können:

Kriterien für eine korrekte E-Mail-Bewerbung		
	Soll	**Ist**
E-Mail-Dienstleister ohne Werbeanhänge		
Seriöse E-Mail-Adresse (Vor- und Nachname@provider.de		
Aussagekräftiger Betreff		
Persönliche Anrede des Personalverantwortlichen		
Bezug auf Stelle und Dateianhänge		
Signatur		
Anhänge im pdf.Format (2 bis 3 MB)		
Dateiname korrekt beschriftet		
Keine Empfängerbestätigung		
Rechtschreibung		
Gesamt		

2.5 Lernaufgabe

Wie bewerbe ich mich im Ausland?

Die Ausbildung im Ausland durchzuführen, wird immer beliebter. Ganz so einfach ist dies aber nicht. Die Arbeitsagentur für Arbeit gibt zu der Ausbildung im Ausland umfangreiche Auskunft. Sie schreibt, dass der Interessent sich umfangreich über das jeweilige Ausbildungssystem, aber auch über den Stellenwert und das Niveau sowie über die Anerkennung dieser Ausbildung in Deutschland informieren muss.

Das deutsche System der betrieblichen Berufsausbildung mit dem regelmäßigen Wechsel zwischen beruflicher Praxis in Betrieben und theoretischem Unterricht in der Berufsschule (duales System) existiert in dieser Form in Europa nur in der Schweiz und in Österreich – ausgenommen von Ausbildungskooperationen, die in einigen Grenzregionen mit unseren Nachbarländern eingegangen wurden. In den meisten anderen europäischen Ländern findet berufliche Ausbildung an privaten, kommunalen oder staatlichen Schulen statt. Häufig sind diese Schulen mit unseren Berufsfachschulen oder Fachakademien vergleichbar.

So vielfältig wie die einzelnen Länder sind auch die Systeme der beruflichen Ausbildung. Auch das Niveau der Ausbildungsgänge kann sehr unterschiedlich ausfallen. In vielen Fällen ist deshalb eine formelle EU-weite Anerkennung national erworbener Berufsabschlüsse nicht möglich. Es empfiehlt sich deshalb dringend, sich vorher gründlich zu informieren. Die Berufsberatung der Agentur für Arbeit hilft dabei. Einige Berufsausbildungen sehen schon jetzt internationale Komponenten als integrativen Bestandteil der Ausbildung vor. Über Berufenet können detaillierte Informationen zu den einzelnen Berufen abgefragt werden:

- Europa-Wirtschaftsassistent/in , Eurokaufmann/-frau , Internationale/-r Marketingassistent/-in
- Europa-Wirtschaftsassistent/-in, Euro-Fremdsprachenkorrespondent/-in , Europa-Sekretär/-in

In einigen Ausbildungsberufen gibt es darüber hinaus Ausbildungsangebote im Ausland, die komplett nach dem deutschen dualen System organisiert werden.“ (Bundesagentur für Arbeit 2007) Hat der Interessent schließlich ein Stellenangebot gefunden, so bietet der europass einen kostenlosen Service durch die Europäischen Union an. Er fördert die europäische Mobilität und unterstützt Bürgerinnen und Bürger bei der Darstellung ihrer Qualifikationen und Kompetenzen im Arbeits- und Lernumfeld.

1. – 6. Arbeitsschritt (Diese Lernaufgabe eignet sich für den Fremdsprachenunterricht.)

Die Lernenden informieren sich zunächst auf der Plattform und suchen die Seite auf mit den „Europass-Dokumenten“. Die Dokumente werden in vielen Sprachen zur Verfügung gestellt. Bei der ersten Möglichkeit werden die Lernenden durch ein Formular geführt. Am Schluss können sie sich das so entstandene Dokument herunterladen. Das Dokument sollte aber noch ansprechend formatiert werden.

7. – 13. Arbeitsschritt

Bei der zweiten Möglichkeit speichern Sie zuerst das Dokument in der ausgesuchten Sprache herunter und füllen es dann direkt in einem Textverarbeitungsprogramm aus. Bei Unsicherheiten können sich die Lernenden dann immer noch auf der Europass-Seite erkundigen. Grundsätzlich sollte der Lebenslauf an das eigene Corporate Design angepasst werden. Ebenso werden Anschreiben und Deckblatt erstellt. Für die Zeugnisse erhält der Lernende auch auf der Europass-Seite eine Zeugniserläuterungstabelle.

Die Bewerbungsunterlagen werden vorgestellt, reflektiert und korrigiert.

2.6 Lernaufgabe

Wie erstelle ich eine professionelle Bewerbungsmappe

Die Lernenden können sich wiederum an den vorgegebenen Impulsen zur Entwicklung der Fachkompetenzen/Kerninhalte orientieren:

- Stellenausschreibung finden
- Bewerbungsmappe erstellen
- Sich online bewerben
- Im Ausland bewerben

Sie ergänzen ihr Kompetenz-Portfolio mit den neuen Handlungsprodukten und der Reflexion.

Die Reflexion soll wieder als strukturierter ausformulierter Text geschrieben werden. Bei dieser Lernsituation ging es ausschließlich um die eigene Person. Daher wäre es ein großer Kompetenzzuwachs, wenn die Lernenden beschreiben, dass eine intensive Auseinandersetzung mit der eigenen Person, eine umfangreiche Recherche über die Unternehmen und Kenntnisse über die normgerechten Vorgaben Voraussetzungen sind, für passgenaue Bewerbungsunterlagen zu erstellen.

Die Reflexion ist einerseits wertvoll für die Schüler(innen), weil sie dadurch lernen, sich und ihr Lernverhalten besser einzuschätzen. Sie werden sich ihrer Persönlichkeit bewusst und machen sich die fachlichen Zusammenhänge noch einmal in Bezug auf ihre eigene Person und die Zukunft deutlich.

Anderseits erhalten Sie als Lehrkraft durch die Reflexion Ihrer Schüler(innen) Informationen, die Sie durch bloße Beobachtung oder Befragung nicht erhalten hätten. Die Gedanken während der Lernprozesse des einzelnen Lernenden verschaffen Ihnen einen Eindruck von der Entwicklung des Lernenden. Sie können sich besser in jeden hineinversetzen und dem Lernenden Mut machen, zu besseren Leistungen zu gelangen und ihm Wege zeigen, wie er das erreichen kann. (vgl. Winter 2004, S. 314)

Führen Sie nach Möglichkeit nach jeder Lernsituation ein Beratungsgespräch mit jedem einzelnen Schüler durch bzw. geben Sie ein schriftliches Feedback. Das Gespräch bzw. der schriftliche Kommentar signalisiert dem Lernenden eine Wertschätzung bezogen auf die Auseinandersetzung mit seiner Persönlichkeit.

Besprechen Sie mit Ihren Lernenden wie weit sie den Vorsatz/die Zielsetzung des letzten Gespräches eingehalten haben. Machen Sie in dem Gespräch bzw. in Ihrem schriftlichen Kommentar dem Lernenden klar, dass das Erkennen seiner eigenen Schwächen und Probleme positiv registriert wird. Denn nur wenn er seine eigenen Fehler erkennt, kann er daran arbeiten. Wobei mehr Energie in die Entwicklung der Stärken gesetzt werden sollte als in das Aufarbeiten der Schwächen. Die Lernenden sollten ihre Stärken gezielt einsetzen und ihre Schwäche kompensieren.

Am Schluss des Gespräches sollten Lernende sich wiederum einen neuen Vorsatz fassen und diesen schriftlich fixieren (z. B. „Zukünftig speichere ich meine Bewerbungsdokumente systematisch ab." oder „Ich werde mir die Mühe machen, Stellenausschreibungen genau zu analysieren und meine dazu passenden Kompetenzen erläutern.").

Greifen Sie ggf. auf das Bewertungsraster von Lernaufgabe 1.6 zurück.

3 Lernsituation: Bewerbungsgespräche umfassend vorbereiten

Warm up
Wie mache ich bei den Unternehmen einen überzeugenden Eindruck?

Die Lernenden assoziieren mit den Schlagwörtern bereits Bekanntes bzw. Erlebtes und äußern sich dazu. Halten sie die Lernenden an, ein Kurzstatement zur Beantwortung der Leitfrage – von der Gesprächsvorbereitung bis zur Nachbereitung – zu halten und sich dabei an den Leitwörtern zu orientieren.

Bilden Sie dazu 3er-Gruppen, die zunächst sich über Ihre Erfahrungen austauschen, den Kurzvortrag strukturieren und ihn einüben. Achten Sie darauf, dass jedes Gruppenmitglied einen Teil des Vortrages übernimmt.

3.1 Lernaufgabe

Wie wappne ich mich für ein Telefoninterview?

Es wäre ein Fehler zu warten, bis die Unternehmen auf die Bewerbung reagieren, denn heutzutage treten die Unternehmen häufig mit den Bewerbern telefonisch in Kontakt. Ein solches Gespräch ist ein wichtiger Bestandteil des Auswahlverfahrens. Da kann es dann sehr unagenehm werden, wenn der Bewerber bei einem solchen Anruf nicht genau weiß, um welches Unternehmen es sich handelt bzw. um welche Stelle er sich dort beworben hat. Da die Lernenden in der Regel mehrere Bewerbungen verschicken, können sie leicht in eine solche Situation geraten.

Die Lernaufgabe bereitet die Lernenden darauf vor, in solchen Situationen souverän zu reagieren und weiterhin einen kompetenten Eindruck zu machen.

1. – 3. Arbeitsschritt

Nachdem Sie sich zum Thema Telefoninterview informiert haben, erstellen sie eine strukturierte Checkliste, vergleichen diese mit einem Partner und überarbeiten sie ggf.

Checkliste zur Vorbereitung auf das Telefoninterview

Vorbereitung	
Name des Unternehmens	Wagner AG
Name des Personalverantwortlichen (PV)	Frau Gertrud Berger
Beworben als	Industriekauffrau
Infos zum Unternehmen	Siehe Unternehmen-Auswertungs-Raster
Fragen zur Stellenausschreibung	
Tätigkeit Umfeld, Arbeitsbedingungen Entwicklungsmöglichkeiten ...	Welche Fremdsprachen erwarten Sie? Auf welche Arbeitszeiten sollte ich mich einstellen? Arbeite ich mit weiteren Kollegen im Büro zusammen? Welche Weiterbildungsmaßnahmen bieten Sie an?
Frage nach Gehalt, die aber nur von Seiten des PV kommen sollte.	Realistische Gehaltsvorstellung - z. B. Anlehnung an den Tariflohn, Lohnspiegel, Gehaltsvergleich, ...

Durchführung	
Unpassende Situation	Um einen späteren Termin bitten
Passende Situation	
Unterlagen bereitlegen	Unternehmen-Auswertungs-Raster Bewerbungsunterlagen
Ungestörte Umgebung	Keine Musik, Handy stummschalten Türe und Fenster schließen
Höflichkeitsformen beachten	Gesprächspartner immer wieder mit Namen anreden Gesprächspartner ausreden lassen Angemessene Sprachgeschwindigkeit Laut und deutlich sprechen
Vorbereitete Fragen abklären	siehe Vorbereitung

Nachbereitung	
Datum und Uhrzeit des Telefonats	.
Gesprächspartner	
Telefonnummer	
Informationen des PV	Weitere Kontaktaufnahme innerhalb der nächsten ..... Tage
Antworten auf die gestellen Fragen	1. 2. 3.
Eigener Eindruck vom Telefoninterview	Entspricht meinen Vorstellung Arbeitsanforderungen sind angemessen Angenehmer, offener Interviewpartner
Bewertung des Stellenangebotes	☐ Stelle kommt für mich weiterhin infrage ☐ Stelle kommt für mich nicht mehr infrage
Feedback	Aktives Gespräch durch vorbereitete Fragen Intensivere Auseinandersetzung mit den Anforderungen der Stellenausschreibung Nach dem dritten Telefoninterview mehr Sicherheit im Gespräch
Vorsätze für das nächste Telefoninterview	Intensivere Recherche über die Stellenanforderungen
Rückmeldung zum Gespräch	Auf Anruf des Unternehmens warten bis: ... Stand des Bewerbungsverfahrens erfragen ab: ...

4. Arbeitsschritt

In der 2. Lernsituation haben die Lernenden sich auf eine Stelle beworben, sodass ihnen die Bewerbungsunterlagen, die ausgeschriebene Stellenanzeige und das Unternehmen-Auswertungs-Raster vorliegen. Alternativ können die Lernenden sich auch als Bewerber auf die Stellenanzeige und Musterbewerbung an die Neumann Arzneimittel AG oder die Wagner AG im „Manual für die professionelle Bewerbung“ sehen. Nun sollen sie sich darauf vorbereiten, was bei einem realen Bewerbungsverfahren darauf folgen könnte.

1. Situation
Unerwarteter Anruf des Personalverantwortlichen in einer unpassenden Situation.

Entsprechend ihrer Checkliste sollten die Lernenden wissen, dass sie um einen späteren Termin bitten. („Ihr Anruf kommt gerade ungelegen, darf ich Sie zurückrufen?“) Entweder ruft der Bewerber zurück oder der Personalverantwortliche.

2. Situation
Angekündigter Anruf des Personalverantwortlichen, auf den der Bewerber sich vorbereitet hat.

Mithilfe der Checkliste haben die Lernenden ein Raster, dass sie nun passend zu ihrer Stellenanzeige bzw. ihrer Bewerbung ausfüllen (Name des Betriebes, Infos zur Stelle ...). Wer nichts über seinen potenziellen Arbeitgeber wissen möchte, macht einen uninteressierten Eindruck. Sie notieren daher zusätzlich Fragen, die sie im Telefongespräch abklären wollen (Wie werden meine Arbeitszeiten aussehen? Welche Fortbildungen bieten Sie an? Gibt es regelmäßige Teammeetings? etc.).

3. Situation
Bewerber kontaktiert den Personalverantwortliche, weil das Unternehmen bislang nicht auf die Bewerbung reagiert hat.

Sie sollten sich einen Einstiegssatz für die Frage nach dem Stand des Bewerbungsverfahrens formulieren und dann auf weitere Fragen im Verlauf des Gesprächs gefasst sein. („Vor drei Wochen habe ich mich auf die Stellenanzeige xy beworben, darf ich nachfragen, wie weit das Verfahren fortgeschritten ist?)“

5. – 7. Arbeitsschritt

Die Lernenden setzen sich nun zu zweit zusammen und tauschen ihre Unterlagen aus, um in die Rolle des Personalverantwortlichen zu schlüpfen. Sie machen sich zu den drei Situationen Notizen und üben Ihre Rolle einmal als Personalverantwortlicher und einmal als Bewerber durch. Mögliche Fragen des PV in der zweiten Situation könnten lauten: Wieso bewerben Sie sich gerade in unserem Unternehmen? Weshalb möchten Sie sich beruflich verändern? Warum möchten Sie den Ausbildungsberuf erlernen? Wie würden Sie Bekannten erklären, was unsere Firma macht?

8. – 9. Arbeitsschritt (Rollenspiel Telefoninterview)

Fordern Sie Ihre Präsentatoren auf, zunächst die Rollen zu klären und ihre Unterlagen bereitzuhalten. Der Lernende, der die Rolle des Bewerbers übernommen hat, soll angeben, worauf er bei der Vorbereitung eines Telefonates generell achtet (Störquellen ausschließen, ...). Das Rollenspiel wird durchgeführt und von Mitschülern mithilfe der Checkliste reflektiert.

10. – 12. Arbeitsschritt

Nachdem jeder im siebten Arbeitsschritt die zweite Situation in der Rolle des Bewerbers durchgespielt hat, kann der das Telefoninterview nachbereiten. Durch das eingeübte oder von den Mitschülern dargestellte Rollenspiel können sich weitere Kriterien für die Checkliste ergeben (kein Dialekt sprechen), die dann ergänzt werden sollten.

Durch das Blitzlicht soll der Nutzen der Lernaufgabe deutlich gemacht werden, wie wichtig es ist, sich intensiv auf ein Gespräch vorzubereiten und auch die Nachbereitung ernst zu nehmen.

3.2 Lernaufgabe

Wie erziele ich von Anfang an den gewünschten Eindruck?

Den Lernenden sollte klar sein, dass das Bewerbungsverfahren unter Umständen ein langer Weg sein kann, bei dem sie sich auf allen Etappen (Telefoninterview, Auswahlverfahren, Vorstellungsgespräch ...) souverän darstellen müssen. Bei der Einladung zum Auswahlverfahren möchte der potenzielle Arbeitgeber die Person kennen lernen, die sich hinter der Bewerbungsmappe verbirgt.

Den ersten Eindruck, den der Bewerber hinterlässt, wird der entscheidende sein. Bereits nach wenigen Sekunden ist entschieden, was der Personalverantwortliche von dem Bewerber denkt. Nach etwa vier Minuten ist dessen Meinung gefestigt und er ist nur schwer oder gar nicht mehr davon abzubringen. Alles was der Bewerber ab diesem Zeitpunkt sagt, wird nun derart interpretiert, dass der erste Eindruck bestätigt wird. Die Vermittlung des ersten Eindrucks geschieht allein durch das Auftreten und die nonverbale Kommunikation: Mimik, Gestik, Sprache.

Neben dem Inhalt einer Mitteilung gilt die größte Aufmerksamkeit dem Gesicht und den Augen des Bewerbers. Eine angemessene Mimik, die das Gesagte unterstreicht, ist demnach entscheidend für den Erfolg. Eine bewusste Inszenierung des ersten Eindrucks beginnt natürlich mit dem richtigen Einsatz der Dinge, die man direkt von dem Bewerber wahrnimmt: Kleidung, Frisur, Teint, Duft, Körperhaltung und Mimik.

1. – 3. Arbeitsschritt

Nachdem der Lernende sich über das äußere Erscheinungsbild informiert hat, sucht er drei Berufe aus, die unterschiedliche Anforderungen an das äußere Erscheinungsbild stellen. Dazu sucht er die passende Bekleidung und visualisiert vor allem die Unterschiede in den Berufen. Ebenso sollten grobe Fehlverstöße dargestellt werden.

4. – 7. Arbeitsschritt

Nachdem sich nun jeder Einzeln darüber intensive Gedanken gemacht hat, wird die Kreativität noch weiter angeregt, indem die Gruppen aus den Einzelergebnissen ein optimales gemeinsames erstellen und hängen für die Ausstellung auf.

Bewerbung als Bankkaufmann

Dos

- Gedeckter Anzug
- Sauberes, unzerknittertes, farblich abgestimmtes Oberhemd
- Krawatte
- Dunkle Socken
- Geputzte Schuhe mit intakten Sohlen und Absätzen
- Saubere Rasur bzw. gepflegter Bart
- Wenig Duftwasser
- Erkennbare Frisur, gewaschen, gekämmt
- Gepflegte Fingernägel
- Angenehmer Körpergeruch - Deo

Passende Grafik – positives Beispiel

Bewerbung zur Ausbildung zum Kfz-Mechatroniker

Dos

- Saubere, unzerknitterte Hose mit Oberhemd
- Dunkle Socken
- Geputzte Schuhe mit intakten Sohlen und Absätzen
- Saubere Rasur bzw. gepflegter Bart
- Wenig Duftwasser
- Erkennbare Frisur, gewaschen, gekämmt
- Angenehmer Körpergeruch - Deo

Passende Grafik – positives Beispiel

Bewerbung als Friseur

Dos

- Saubere, unzerknitterte Hose mit Oberhemd
- Dunkle Socken
- Geputzte Schuhe mit intakten Sohlen und Absätzen
- Saubere Rasur bzw. gepflegter Bart
- Wenig Duftwasser
- Modern gestylte Frisur, gewaschen, gekämmt
- Gepflegte Fingernägel
- Angenehmer Körpergeruch - Deo

Passende Grafik – positives Beispiel

Don’ts

- Auffallender Schmuck
- Überdimensionierte Uhr
- Weiße Socken
- Turnschuhe
- Rucksack
- Sonnenbrille
- Alkohol-, Nikotin- oder Essensgeruch

Passende Grafik – negatives Beispiel

8. – 10. Arbeitsschritt

In einer neu zusammengestellten Gruppe muss jeweils ein Mitglied der vorangegangen Gruppe vertreten sein, das den Aushang kommentiert.

Im anschließenden Plenumsgespräch sollen Ihre Lernenden über Ihre Erfahrungen berichten, in denen Ihnen Personen positiv oder negativ aufgefallen sind. So wird ihnen unter Umständen bewusst, dass das äußere Erscheinungsbild beim Gegenüber einen entscheidenden Eindruck hinterlässt, der später nur sehr schwer zu korrigieren ist.

3.3 Lernaufgabe

Wie funktioniert eine überzeugende Selbstdarstellung?

Am Anfang eines Assessment-Centers steht in der Regel die Vorstellungsrunde. Zunächst stellt sich das Unternehmen vor und anschließend stellt sich jeder Bewerber einzeln vor. Dies kann eine Partner-, Gruppen- oder Selbstpräsentation sein. Es geht um den ersten Eindruck. Von dem klassischen Einstieg über Name, Geburtsdatum und Wohnort ist dabei abzuraten.

Die Selbstpräsentation sollte sich von den Mitbewerbern abheben. In einer 3-minütigen Präsentation können z. B. über ein Hobby die Eigenschaften unterstrichen werden, die für den Job relevant sein könnten. Ein kreativer Einstieg bleibt eher im Gedächtnis der Beobachter und verschafft einem für die folgenden Aufgaben einen Vorteil. Bei der Selbstpräsentation ist es auch wichtig, dass die zur Verfügung stehenden Medien benutzt werden bzw. Medien oder Gegenstände mitgebracht werden. Die Selbstpräsentation kann durch kleine Zeichnungen, Skizzen oder Grafiken optisch unterstützt werden. Der Kreativität sind bei der Selbstpräsentation in der Regel keine Grenzen gesetzt.

Sensibilisieren Sie Ihre Lernenden zunächst, indem Sie einige Beispiele nennen lassen:

„Die Bewerberin spielt ein kurzes Musikstück auf ihrer Querflöte an und erläutert, dass sie seit dem sechsten Lebensjahr Querflöte spielt und mit dem Orchester der Musikschule bei regionalen Konzerten auftritt. Dadurch zeigt sie einerseits Ausdauer, Disziplin und auf der anderen Seite Teamfähigkeit und Abstimmungen mit den Partnern. Durch die Auftritte wird das Selbstbewusstsein immer weiter gefördert."

„Der Bewerber bringt einen Basketball mit und erläutert, dass er seit Jahren an Liga-Spielen teilnimmt und dadurch die Zielstrebigkeit und Teamfähigkeit schult, schließlich möchte ja die Liga gehalten werden oder sogar ein Aufstieg erreicht werden. Außerdem trainiert er die Bambinis und organisiert für die Kids kleine Turniere. Das bedeutet für ihn eine hohe Verantwortung und fordert Organisationstalent."

Damit die Selbstpräsentation von vorne herein eine Struktur bekommt, orientieren sich die Lernenden an den drei Leitfragen. Natürlich sollte es einen Einstieg und einen zusammenfassendes Fazit geben.

1. – 2. Arbeitsschritt

Die Lernenden informieren sich zunächst im Manual bzw. recherchieren im Internet über Selbstpräsentationen und erstellen ein MindMap mit möglichen Inhalten und Medien.

3. – 4. Arbeitsschritt

Die Lernenden vergleichen Ihre MindMaps, ergänzen ggf. und erstellen ein Bewertungsraster.

Bewertungsraster für die Selbstpräsentation		
Inhalt	**60**	
Kreativer Einstieg	10	
Roter Faden erkennbar – sinnvolle Struktur	10	
Zuschnitt auf die ausgeschriebene Stelle – passenden Kompetenzen	10	
Motivation für die ausgeschriebene Stelle ist ersichtlich	10	
Qualifikationen an Beispielen erläutert	10	
Am Schluss eine kurze Zusammenfassung	10	
Präsentation	**40**	
Überzeugende Körpersprache	10	
Angenehme Lautstärke – punktuelle Betonung	5	
Deutliche Sprache (kein Dialekt)	5	
Sicherer Auftritt	10	
Einsatz von Medien – Einsatz von Metapher für die eigene Person	10	
Gesamt	**100**	

5. und 6. Arbeitsschritt (ggf. Hausaufgabe)

Diese beiden Arbeitsschritte eignen sich idealerweise als Hausaufgabe. Dort können die Lernenden in Ruhe die Selbstpräsentation und das Handout zusammenstellen und einüben.

7. und 9. Arbeitsschritt (Plenum)

Jeder Lernende sollte präsentieren, um Sicherheit zu bekommen. Empfehlenswert ist es, wenn sie von Anfang an eine Reihenfolge festlegen, dann können die Lernenden sich innerlich darauf einstellen.

Die Lernenden üben konstruktive Kritik und korrigieren ggf. die Selbstpräsentationen und die Handouts.

Durch die Vielzahl der Selbstpräsentationen erhalten Ihre Lernenden ein großes Repertoire an Ideen, die sie vielleicht für sich selbst nutzen können.

3.4 Lernaufgabe

Wie trete ich in einer Gruppendiskussion überzeugend auf?

Lernende, die im Unterricht gerne vortragen, sind eher erleichtert, wenn sie ins Assessment-Center (AC) und nicht zu einem klassischen Einstellungstest eingeladen werden. Sie sind sich ihrer Kommunikationskompetenz bewusst und treten daher mit einem ausreichenden Selbstbewusstsein auf. Im AC geht es aber um mehr. Hier diskutieren die Bewerber über ein vorgegebenes Thema kontrovers. Dabei wird von den Diskussionspartnern erwartet, dass sie den Sachverhalt verstehen, ihre Meinung dazu überzeugend vertreten und eine Argumentationsstrategie entwickeln. Ziel ist es, das gestellte Problem möglichst einvernehmlich zu lösen (vgl. Focus, 2011).

Es geht also nicht nur ums Reden, wie viele Lernende irrtümlich annehmen. Die Kandidaten einer Gruppendiskussion sollten sich immer freundlich, höflich und rücksichtsvoll zeigen. Die Beobachter der Diskussion sind nicht an den Inhalten interessiert, sondern am Umgang der Kandidaten miteinander. Schließlich will man erfahren, wie die Bewerber sich in der Teamarbeit verhalten. Sie achten während der Gruppendiskussion auf folgendes:

Soziale Kompetenz	Systematisches Denken und Handeln	Aktivitätspotenzial
Kontaktfähigkeit	Kombinationsfähigkeit	Führungspotenzial/ -motivation
Einfühlungsvermögen	Entscheidungsfähigkeit	Selbstwertgefühl
Integrationsfähigkeit	Problemerkennung	Durchsetzungsvermögen
Kooperationsfähigkeit	Entwicklung von Alternativen	Zielstrebigkeit
Informationspolitik		
Selbstdisziplin		
Zuhörfähigkeit		
Überzeugungskraft		
Rhetorik,		
Ausdrucksmöglichkeit		

1. – 8. Arbeitsschritt

Zunächst informieren sich die Lernenden arbeitsteilig in einer Theorieschleife über Diskussionsregeln. Als Methode wird das Kugellager angewandt, zu der Sie Informationen im Methoden-Manual finden. Mithilfe dieser Methode können die Lernenden sich in kurzer Zeit möglichst viele Informationen aneignen, da sie sich die Arbeit aufteilen. Zudem verinnerlichen sie das Gelesene, indem sie es erst einem Lernpartner erläutern und dem nächsten zuhören, ob er das Gehörte auch vollständig und korrekt verstanden hat.

Wenn kein ausreichend großer Unterrichtsraum für einen Stuhlinnen- und –außenkreis zur Verfügung steht, kann das Kugellager in den Flur verlagert werden, sodass die Lernenden im Stehen ihre Informationen austauschen. Auch können im Unterrichtsraum entlang des Flures zwei Stuhlreihen versetzt aufgestellt werden. Achten Sie darauf, dass die Stühle für die Gesprächspartner nicht frontal zueinander stehen, sondern etwas versetzt. So können sich die Lernenden beim Gespräch ohne Körperkontakt näher kommen. Ansonsten kann es für die links und rechts Sitzenden unangenehm werden, wenn sie die Gespräche mithören müssen.

9. Arbeitsschritt

Nachdem nun beide Tandemmitglieder die kompletten Diskussionsregeln kennen, erstellen sie eine Checkliste, um in der Diskussionsrunde im AC (18. Arbeitsschritt) die Einhaltung der Diskussionsregeln der Kandidaten zu beurteilen. Die Lernenden werden herangeführt, Checklisten als Organisationshilfen zu nutzen, um umfangreiche, sich wiederholende Arbeiten korrekt auszuführen, um Veranstaltungen/Reisen zu organisieren, um Arbeiten/Unterlagen zu kontrollieren etc. Besprechen Sie mit den Lernenden mögliche Einsatzmöglichkeiten.

10. – 13. Arbeitsschritt

Um zu korrekten und lückenlosen Handlungsprodukten zu kommen, vergleichen zwei Tandems ihre Checklisten und optimieren sie. Vor einer Präsentationsphase sollte ihm Team klar sein, wer das Handlungsprodukt vorstellt.

Bei der Präsentation greifen die Lernenden auch wieder Ideen der Mitschüler auf, sodass grundsätzlich nach der Präsentation das eigene Produkt ggf. überarbeitet werden soll. Das Symbol am Blattrand weist nochmals darauf hin.

Ersteller: Katja Musterfrau — Erstellungsdatum: 05.09.20..

Checkliste zur Einschätzung der AC-Kandidaten in der Diskussionsrunde

Name des Bewerbers:

Kriterien	**Ja**	**nein**
Personenbezogenes Verhalten		
Lässt andere ausreden und hört zu		
Äußert eigene Meinung in Ich-Botschaften		
Äußert sich nonverbal entsprechend seinen/ihren Worten		
Betont das Positive		
Argumentiert vernünftig, realistisch, prägnant		
Drückt sich klar und unmissverständlich aus		
Teamverhalten		
Nimmt Rückmeldungen der Gesprächspartner ernst		
Toleriert verschiedene Standpunkte zum Diskussionsthema		
Spricht relevante Informationen für Diskussionsteilnehmer anschaulich an		
Fragt bei Unklarheiten nach		
Traut sich, abweichende Meinung vorzutragen		
Geht fair mit den Gesprächspartnern um		
Trägt zu einem angenehmen Gesprächsklima bei		
Führungsqualitäten des Moderationsleiters		

Bringt die Diskussionen mit stichhaltigen Argumenten in Gang		
Diskutiert, um gemeinsam zu einem Ergebnis zu gelangen		
Fasst Zwischenergebnisse zusammen		
Bezieht wortkarge Diskussionsteilnehmer mit ein		
Fasst am Schluss die Gruppenmeinung zusammen		
Auswertung/Kommentar:		

15. Arbeitsschritt

Jede Gruppe schreibt eine These (aktuelles Thema) auf eine Medienkarte. Als Lehrende sollten Sie darauf achten, dass die Themen ein gewisses Niveau haben. Durch Impulse können Sie Ihre Schüler in die gewünschte Richtung lenken.

16. – 20. Arbeitsschritt

Die AC-Diskussionsrunde bestimmt einen Moderator. Dies muss zu Beginn geklärt sein, weil der Moderator sich unter Umständen ganz anders auf die Diskussion vorbereitet. Er hat die Aufgabe, in die Thematik der Diskussion einzuführen, den Diskussionsprozess zu steuern, verschwommene Beiträge der Kandidaten inhaltlich zu klären und die Diskussion mit einem gemeinsamen Ergebnis zu beenden. Er koordiniert die Wortbeiträge, stellt Fragen und legt die Gesprächszeit fest.

Um zu einer gelungenen Diskussion zu kommen benötigen die Lernenden Zeit, sich in das Thema einzustimmen und sich Gedanken über ihre eigene Einstellung dazu zu machen. Sie sollten sich Argumente notieren.

Holen Sie die reale Situation des AC in den Unterrichtsraum. Achten Sie darauf, dass die „Bewerber", also die Diskutierenden, in einem Kreis sitzen und Blickkontakt zueinander haben und dabei möglichst den Beobachtern nicht den Rücken zuwenden. Die Kandidaten können in einem Halbkreis sitzen.

Legen Sie im Plenum fest, wer welche Person beobachtet. Nach der Diskussionsrunde wird das Gesprächsverhalten reflektiert.

21. Arbeitsschritt

Jeder sollte am Schluss der Lernaufgabe die eigenen Stärken und Schwächen feststellen und sich für das nächste Mal einen Vorsatz formulieren. Oft stellen die Lernenden fest, dass Ihre Angst vor einer solchen Diskussion unbegründet ist. Sie entdecken Stärken, die sich im Vorfeld nicht zugetraut haben bzw. sie merken, dass sie ruhig forscher, selbstbewusster argumentieren sollten.

3.5 Lernaufgabe

Wie wird mein Bewerbungsgespräch zum Erfolg?

Als letzte Station im Bewerbungsverfahren kommt das Vorstellungsgespräch. Der Bewerber hat mittlerweise mit seinen Unterlagen und ggf. mit den verschiedensten Aufgaben die Personalverantwortlichen überzeugt. Nun gilt es den guten Eindruck auch im Gespräch zu bestätigen. Das bedeutet, dass sich wieder intensiv vorbereitet werden muss, um das nötige Selbstbewusstsein zu bekommen.

Grundsätzlich wird das Unternehmen die Erwartungen und Leistungsbereitschaft des Bewerbers feststellen wollen und ob er sich in den Arbeitsablauf integrieren lässt. Allerdings kann keiner im Voraus sagen, wie das Gespräch ablaufen wird, denn jedes Gespräch hat seine Eigendynamik.

Aus Sicht des Bewerbers werden ihn Arbeitzeiten, Organisation, Führungsstil, Aufstiegschancen bzw. Unternehmenskultur interessieren und ob er in das Unternehmen passt.

Achtung: Es müssen nicht alle Fragen ehrlich beantwortet werden, das Allgemeine Gleichbehandlungsgesetz (AGG) verbietet im § 1 Benachteiligungen.

1. – 2. Arbeitsschritt (Einzelarbeit)

Jeder einzelne Schüler setzt sich zunächst intensiv mit dem Fragenkatalog für Vorstellungsgespräche und unzulässige Fragen auseinander. Die Lernenden notieren Antworten, die auf ihre eigene Person in Bezug auf die Stellenausschreibung passen. Außerdem überlegen Sie sich zwei unzulässige Fragen, um die Reaktionen der Teammitglieder zu beobachten.

3. – 5. Arbeitsschritt (Dreierteams)

Im Dreiergespräch (Bewerber – Fachverantwortlicher – Personaler) werden mithilfe der eigenen Bewerbungsunterlagen die Vorstellungsgespräche trainiert und optimiert. (siehe Bewertungsraster „Bewerbungsgespräch" auf der nächsten Seite).

6. – 10. Arbeitsschritt (Plenum)

Es werden Zufallsgruppen durch Losverfahren gebildet. Die Bewerbungsgespräche werden mithilfe des Bewertungsrasters für das Bewerbungsgespräch durchgeführt und reflektiert.

11. Arbeitsschritt (Einzelarbeit)

Jeder Schüler soll nun seine eigenen Stärken und Schwächen, die er in den Bewerbungsgesprächen verspürt hat, aufschreiben, damit er seine Notizen später für reale Bewerbungsgespräche nutzen kann. Manchmal wird erst im Nachhinein festgestellt, dass man gezielt unter Stress gesetzt wurde und sich rückblickend betrachtet doch besser geschlagen hat, als im ersten Moment gedacht. Andererseits gibt es Gesprächssituationen, die einem sehr angenehm waren und es wird erst später gemerkt, dass durch die gelöste Atmosphäre Äußerungen gefallen sind, die eigentlich nicht sein sollten. Der Bewerber hat zwar sehr viel von sich selber preisgegeben, aber kaum etwas über die Gesprächspartner erfahren. Alle diese Dinge helfen, sich noch besser auf kommende Vorstellungsgespräch einzustellen.

Auswertung Vorstellungsgespräch

Datum/Uhrzeit:

Stellenbezeichnung:

Name des Bewerbers:

Interviewer:

Kriterien	☺	😐	☹
Erster Eindruck			
Erscheint pünktlich und nicht abgehetzt.			
Hat ein angenehmes Erscheinungsbild.			
Wirkt sympathisch.			
Zeigt gute Umgangsformen.			
Spricht den/die Gesprächspartner mit Namen an.			
Drückt sich gut aus, spricht deutlich und in einer angenehmen Lautstärke.			
Informationen über unser Unternehmen			
Kennt die Dienstleistungen/Produkte, die wir anbieten.			
Ist informiert über unsere Firmenphilosophie.			
Kennt die Standorte unseres Unternehmens.			
Antwortet strukturiert und kompakt – stellt einen Bezug zur Stellenausschreibung dar.			
Situation des Bewerbers			
Schildert seinen bisherigen Lebens- und Ausbildungs-/Berufsweg lückenlos.			
Legt seine erworbenen Kompetenzen zur Erfüllung der zukünftigen Aufgaben begründet dar.			
Signalisiert Aufgeschlossenheit, Lücken durch Fortbildungen zu schließen.			
Begründet seine Berufswahl und das Interesse an der Stelle.			
Nennt Praktika, in denen er Erfahrungen hinsichtlich der ausgeschriebenen Stelle erworben hat.			
Nennt Verantwortlichkeiten, die er in seiner bisherigen Tätigkeit übernommen hat.			
Persönliches			
Besitzt eine gute Auffassungsgabe.			
Wirkt motiviert.			
Setzt sich klare berufliche Ziele.			
Nennt Schwächen bzw. persönliche Bereiche, die er noch verbessern möchte bzw. die seine Tätigkeit in der angestrebten Stelle nicht beeinträchtigen.			

Kriterien	☺	😐	☹
Begründet Stärken durch bestimmte Arbeitssituationen, die für die angestrebte Stelle hilfreich sind.			
Stellt sich selbst sehr gut dar (Balance zwischen Bescheidenheit und Übertreibungen).			
Erläutert, was ihm hinsichtlich des Arbeitsumfeldes wichtig ist.			
Erzählt mit Begeisterung – allerdings abgestimmt auf die Position von seinen Interessen.			
Bemerkungen und Kommentare			
Der Bewerber ist grundsätzlich für die Stelle geeignet.			
Der Bewerber passt in unser Team.			
Mit dem Bewerber wurde folgendes vereinbart:			
Sonstiges:			
Unterschrift:			

3.6 Lernaufgabe

Wie bereite ich mich auf ein Bewerbungsgespräch vor?

Die Lernenden können sich wiederum an den vorgegebenen Impulsen zur Entwicklung der Fachkompetenzen/Kerninhalte orientieren:

- Wie verhalte ich mich nach einer schriftlichen Bewerbung?
- Was kann bei einer Bewerberrunde/Assessment-Center auf mich zukommen?
- Wie überzeuge ich in einem Bewerbungsgespräch?

Sie ergänzen ihr Kompetenz-Portfolio mit den neuen Handlungsprodukten und der Reflexion.

Aus dieser Lernsituation sollte der Lernende mitnehmen, dass eine gründliche Vorbereitung auf Bewerbungsgespräche und Asscessment-Center zu einem sicheren Auftritt bei den Unternehmen verhelfen.

Außerdem sollten sie erkennen, dass die Qualifikation (z. B. Fremdsprachen- und Computerkenntnisse) alleine nicht ausreichen, sondern ausgeprägte Soft Skills (Persönlichkeit und Integrität) bei den Begegnungen im Unternehmen gezeigt werden müssen.

Made in United States
Cleveland, OH
05 November 2026

47668303R00024